그래서 바다를 떠났다

154
열린시학 시인선

그래서 바다를 떠났다

정영희 시집

고요아침

■ 시인의 말

폭염과 폭우 속에 집을 뜯어고쳤다.
뼈대를 튼튼하게 다시 세웠다.
더위를 쫓느라 탈진 상태였다.

시의 집도 마찬가지다.
겉모습만 그럴 싸 한들 빈껍데기일 뿐이다.
부실하게 짓지 않았나 모르겠다.

핵 오염수를 두고 정쟁이다.
어쨌든, 중요한 건 마실 수 없다는 것이다.
푸른 하늘에 침이라도 뱉고 싶다.

네 번째 시집을 상재한다.

2023년 11월
정영희

■ 차례

시인의 말　　　　　　　　　　　　05

제1부

섬진강역　　　　　　　　　　　　13
청춘에 대한 소고　　　　　　　　14
폐차에 관한 변명　　　　　　　　16
붕어빵　　　　　　　　　　　　　18
유모차 미는 사람　　　　　　　　19
종착지　　　　　　　　　　　　　20
할머니의 결심　　　　　　　　　21
간이우체통　　　　　　　　　　　22
러닝셔츠를 입다　　　　　　　　24
엄지손가락　　　　　　　　　　　25
깃발　　　　　　　　　　　　　　26
생활통지표　　　　　　　　　　　27
출근일지　　　　　　　　　　　　28
수차　　　　　　　　　　　　　　29
흰빛, 등대　　　　　　　　　　　30

제2부

산벚나무	33
대장간의 나비는 날고 날아	34
그래서 바다를 떠났다	36
등산화	37
거미의 집	38
소낙비	39
성게	40
자화상	41
색칠공부	42
오월이	43
황학동 풍물상점	44
파지破紙	46
어느 시인의 습관성 오류에 대하여	47
빈집	48
거울비는 내리는데	49

제3부

일탈을 꿈꾸며	53
풀꽃들의 저녁식사	54
온수리溫水里에서	55
타임 아일랜드, 또는 어머니의 섬	56
머리칼을 자르거나 밥을 끊거나	58
아메리카노	59
고래사냥	60
양은냄비의 사랑 노래	62
보도블록을 바라보며	63
오전 아홉 시	64
이상한 느티나무	66
노가리	67
돋을새김무늬의 비밀	68
거문도 여객선 터미널	69
강변 풍경	70

제4부

영광반점	73
홍어삼합	74
정미소 앞마당의 참새들	76
고조리를 만지작거리다	77
아버지의 지게	78
웃기는 구걸	79
지금은 스마트놀이 하는 시간	80
그녀가 아프다	81
다랑이	82
청계천의 봄	83
동강할미꽃	84
이장님, 우리 이장님	85
칸나모텔	86
억새에 베이다	87
목련 생각	88
■해설_심연의 슬픔을 건디는 일 / 무신	90

1부

섬진강역

그럴 줄 알았다
섬진강역에 다시 가지 말라 했거늘
설마 철로부터 읽지 않으리라 믿었다
철로는 떠날 기차가 입을 점퍼라고 일렀지만
난로도 없던 대기실 벽에
사랑은 왜 해?
라며 중얼거리던 너였다
제발 막차만은 오지 말라고
오더라도 한숨만 더디게 오라고
가로등도 없던 플랫폼에 허리를 깊게 굽혔으나
기차는 손목을 뿌리치며 지나갔다
기적이 섬진강역을 날 것으로 삼킨 지
이십오 년과 며칠 동안
침목에 갇혀버린 강물 소리들
철로 변에 연분홍 코스모스로
피어나고 있었다

청춘에 대한 소고

사랑한 적 있었을까
형편없는 내 의식의 끄나풀을 찾아 턴테이블에 올렸다
빛바랜 음반에서 빗방울이 떨어졌다

어느 여름 바닷가
색소폰 선율이 밤바다를 붉게 채색하였다
노을에 바람을 섞어 잔을 부딪쳤다
청춘이 머리칼을 거칠게 다독거렸고 방황을 쓰다듬었다

청바지를 질질 끌며 찢어진 골목을 기워야 했다
세상이 호흡만큼 깊어지거나 이마처럼 넓어지리라 믿었다
사랑도 청춘만큼 부풀어 오르리라 기대했다

빗방울이 보조개에 살포시 떨어졌다
사랑하다 토라지면 한층 철썩대던 거친 포말들
그녀 입술을 덮쳤으리라 착각했다

생각이 부딪친 자리마다 멍이 들었다
나무 의자에 쏟았던 말 몇 토막이 거슬렸을 것이다

수평선을 연주하던 기타는 제자리로 돌아왔을까

금남로 밤바람이 전봇대를 후려쳤다
화장을 말끔히 지운 상가마다 어둠이 꿈틀거렸다
밀짚모자를 제멋대로 뒤집어쓴 청춘들
2층으로 가는 계단을 여러 번 헛디뎠다

세상의 각진 모서리에 눈을 베인 이유를 찾아야 했다
걸어, 걸어 도서관으로 향했다

폐차에 관한 변명

 십오 년여, 구두창으로 날 따라다녔어도
 투덜대거나 생떼 쓰는 일은 없었다
 눈을 깜빡거리거나 가끔 하품을 슬프게 했어도
 휴게소 어묵이나 호두과자에 한눈파는 일은 없었다

 함부로 여닫는 이웃의 질투로 옆구리에 상처가 났어도 쑥뜸 한번 제대로 떠주지 못했다
 목디스크에도 파스 한번 붙여주지 못했고
 속초에 갔어도 물회에 해돋이 한번 보여주지 못했다
 노점상에서 슬리퍼 한 짝 사주지 못했다

 맛있는 국밥도 때가 있다는데
 내 음흉한 계략을 훔쳐봤는지 몇 날을 웅크리며 지냈다
 주차구역을 벗어나는 일이 자주 눈에 띄었다
 억수 비에도 차창은 반쯤 벗겨져 있었고
 허스키한 배기 통으로 거무튀튀한 가락이 들락거렸고 핸들을 돌릴 때마다 관절은 삐걱거렸다

 이제 운구해야 할 때가 되었나보다
 시동을 걸자 내 허리춤을 잽싸게 끌어당겼다

종아리에 버둥거릴 힘이 남았다는 듯 용을 쓰는데
바퀴는 허공에서 털털거리고 있었다

붕어빵

영하의 육교 아래 붕어빵 굽는 부부가 출근했다
함박눈을 굴린 반죽 덩어리와 체온을 감쌀 봉지들과 면장갑 몇 켤레
밀가루에 팥고물이 육신의 전부여서 가볍거나 뒤틀림도 없이 키우기 바쁘게 뛰쳐나갔다
한 올 햇살 부끄러운 빙판길을 붕어들이 꼬리 치고 다녔다
민첩한 손놀림에 스스로 돌아눕는 저 영리한 붕어가 가는 곳은 생의 어디까지일까
부부의 발등에 떨어지던 반죽에 첫눈이 내리고 있었다

유모차 미는 사람

내가 숲이라는 곁눈질에 푹 빠져 있을 때

 여자가 유모차를 밀며 낡고 헝클어진 숲길을 걸어갔다
 숲길을 돌 때마다 굴렁쇠가 그려졌고 여자는 아이 머리를 여러 번 쓰다듬었다
 숲은 호흡처럼 고요했다
 여자는 손등의 힘줄이 도드라지도록 유모차를 밀었고 단풍나무는 아이 머리에서 함께 푸르러 갔다

 뭉게구름이 분열을 시작했다
 금세, 벌레 먹은 이파리가 아이의 방울모자에 떨어졌다
 여자의 매니큐어 손톱에도 살포시 내려앉았다
 몇 개의 굴렁쇠를 그렸는지 모르겠으나 눈발이 휘날렸다

 함박눈이었다
 할머니가 굽은 등으로 앉아있는 유모차를 사내가 조심스레 밀고 있었다
 숲속 단풍나무늘이 외투를 몇 겹 껴입었다

종착지

푸른 피가 가라앉는 해 질 무렵
저녁 일곱 시 통근열차가 출발했다

후진을 몰라 뱀이 되는 운명이라고 치자
두꺼비를 감은 뱀처럼 산모퉁이를 돌아갔다
생의 하중을 어떻게 추슬러야 할지
목적지에 다가갈수록 철로는 뱀의 관절처럼 얌전했다
강을 끼고 길게 돌아누운 아파트 숲에
뱀이 사라졌다 나타나고 나타났다
다시 사라졌다

종착지에 열차들이 똬리를 틀고 있었다
오늘도 무사했다며
서로의 엉덩이를 토닥거리거나
어깨를 천천히 쓸어내리며

할머니의 결심

딸네 집에 간다고 좋아하신다
똥강아지 밥을 주든 말든 캥거루 걸음이시다

겉옷 몇 가지 구겨 넣으신다
손주들 욕심에 로션과 스킨을 번갈아 바르신다
주섬주섬 꽃바지도 한 장 더 챙기시고
용돈은 꼬깃꼬깃 침 묻혀 넘기신다

된장찌개는 멸치와 풋고추, 아욱의 조합에
푸새 맛은 직접 짠 참기름에 조선간장을 쳐야 한다며
부추 시금치에 깨도 꾹꾹 눌러 담으신다
휙, 자반고등어 한 마리가 헤엄쳐 간다

할머니,
더운 흙과 더운물
고향 집 텃밭 귀퉁이를 한 삽 크게 떠 가신다

간이우체통

 소문이 우물 바닥처럼 말라버렸다 새마을회관 흙벽에 등불처럼 걸려있는 간이우체통 이른 더위에 벌겋게 속이 타들어 갔다 먹을 게 넘쳐나는 세상에 먹은 게 없다는 하소연 입 마름에 편도가 부어올랐다 뜬금없이 능소화는 능청스럽게 낡은 간판에 팔을 걸쳐놓았다

 회관 마당에 구름떼처럼 침묵이 몰려다녔다 왕거미는 빨랫줄을 걷어 떠난 지 오래였다 잣나무 각질을 뜯던 참새들이 수군댔다 낟알이 지천이라는 문자를 친구들에게 날렸는데 문자를 씹어버렸단다 우체통은 벌게지도록 입술을 깨물었다

 전동스쿠터에 얹혀 동네 어귀를 몇 바퀴 돌았다 담배나 컵라면에 신김치를 감아 먹었다는 소문은 없었다 가출한 강아지의 행방도 알 수 없고 주소를 묻는 택배 차량도 보이지 않았다 가끔 오토바이 소리가 이른 새벽부터 들리긴 했다

 새마을슈퍼는 당산나무만 지켜보고 있었다 농협창고 담벼락에 기대보았다 반공, 방첩의 문구가 쇠약하

기 짝이 없었다 어느새 세월의 동반자가 되어버린 간이우체통 만성 천식을 앓고 있는 독거노인이었다

러닝셔츠를 입다

러닝셔츠가 뒤집혀 나왔다

수 톤의 먼지와 몇 통의 구정물을 마시고 급속모드에 자주 멱을 감았으니 온몸이 나른하게 풀렸을 것
의식을 놓지 않은 게 천만다행이었다

러닝셔츠를 거꾸로 입고 있는 줄 몰랐다
늘 세상의 외곽에서 외줄타기를 즐겼던 터라 앉았던 자리마다 실밥이 풀렸거나 동공이 느슨했다

빨랫줄에 널린 상처가 햇볕에 고스란히 드러났다
이쯤 해서 맑은 구름 한 장 가을하늘에서 꺼내어 닦아줄 때다

아내의 목덜미처럼 희고 곱게

엄지손가락

손가락 깨물어 덜 아픈 손가락 있으랴
아픈 걸로 치자면 엄지손가락만 할까
집안의 기둥이거나 대들보 같아서
편지를 쓸 땐 청춘의 만년필과 같은 것
물음표를 그리면 넙죽 인사가 되고
쉼표를 찍으면
단잠에 빠지는 마력은 어디서 왔을까
텃밭에 퇴비를 내거나
빗방울로 상춧잎 평수를 가늠해 보는 일
거역하지 못할 노동을 끝낼 때마다
엄지 척으로 등판을 어루만졌다
죽어도 없던 일처럼 반듯이 걸어야 했다
자갈논에 삽 지르는 일도 허리를 곧추 펴야 했다
삽날에 멍울들이 찍혀 나왔다
소나무에 얹어놓은 아버지의 헛기침 소리
온 산에 거나했다

깃발

바람이 없어도 펄럭거리는 깃발
생의 전리품이어서 뛰고 달리면 신나는 거라

만국기가 펄럭이는 학교 운동장
쳐다보기만 해도 발바닥이 간지러운 봄날
참을 수 없도록 오금이 저려 오줌을 지렸으나
뒤로 물러서고 싶은 생각은 없었던 거라
너른 운동장에 백회 가루만 튀어도 가슴이 울렁거려
깃발을 보자마자 한발 앞서 출발했던 거라
나는 가장 넓고 높은 깃발 아래
큐피드의 화살에 맞아 피 흘리는 지금까지
보무당당하게 달려왔던 거라

고깃배가 깃발을 펄럭이며
포구로 돌아오고 있다는 건 만선의 징표
생은 오색의 깃발 아래에서 포만해진다는 걸
깃발이 일러주는 거라

귀항은 기다림에 마침표를 찍는 일
사람들이 찢어지도록 펄럭일 거라

생활통지표

  온순 착실하고 행동은 민첩하나
  주변 정리가 안 되고 고립적이라는 촌평을 성호처럼 그어놓았다

  사춘기의 행간에 부끄러운 음표들이 걸려 있었다
  서른 해가 지났어도 펜글씨는 춤추며 악어의 푸른 빛을 발산했다
  고서가 값이 더 나간다는 소문은 믿고 싶지 않았다

  등짝이 따뜻한 날 생활통지표를 펼쳐 보았다
  생애 단 한 번, 개근상이었다

출근일지

물방울 커튼이 해를 밀어 올린다
물결에 투사된 파노라마가 찬란하다
어부들이 파닥이는 햇살을 걷으러 통통거린다

생선 장수는 각시보다 사랑하는 갈치 상자를 확성기로 긁는다
영 교시 시곗바늘에 찔린 학생들
수면장애인지 교문 반대쪽으로 내달린다

이불에서 치약처럼 빠져나온 오늘의 주인공들
자막에 나타났다 사라진다

출근 대열에 황망히 뛰어든다
화사花蛇의 다섯 번째 척추에 끼어들어 똬리를 틀더니
빨갛고 긴 혀를 날름거리며 빵빵거린다

스타트 블록을 박차고 가는 가슴 떨린 일상의 프롤로그
동시 방영 중이다

수차

노을 피는 마을 화포
아물었다 갈라졌을 논바닥이 공룡 발자국이었다
수차는 고요의 시간 동안 익사체로 누웠다가
흐린 말뚝으로 박혀 있었다

부르튼 맨발로 쉼 없이 퍼 넘겼을 소금밭
울렁거리는 뱃고동에 소금 가마를 실었다
핏기 가신 갈대들이 뱃길을 보며 손을 흔들었다

어물전 궤짝에 멀미를 토해 놓았다
돼지국밥 한 숟갈 넘기기도 전
국물이 먼저 훌쩍거리는 소리를 서럽게 들었다

고랑 물을 꼴깍거리던 수차
아버지의 발 냄새를 영영 놓쳐버렸다

흰빛, 등대

제동이 풀린 배들의 질주 본능과 물마루를 넘어가는 생선들의 평형감각을 위해 허옇게 꽁무니를 따라가며 호루라기를 불어댔다

폭풍주의보에 뱃길이라도 끊기는 날 수평선까지 나가 파고를 재어 돌아왔고 게거품을 닦느라 늘 파도에 젖어 살았다

더딘 세상을 오가는 쾌속선과 가속페달을 밟으며 달려드는 철없는 너울들과 시퍼런 상어 이빨에 물려 피 흘리는 바다를 뱃속에서 삭히느라 평생 핏기 가신 모습이었다

물결은 가까이 다가가서야 알았다 무인 등대에도 등대지기가 살고 있었다는 것을 그립도록 사무치게 혼자였다는 것을 창백하리만큼 흰빛이었다는 것을

2부

산벚나무

산벚나무
빈 가지가 경칩을 만나면서
하얗게 꽃을 피웠다

꽃 이파리 겹쳐 포갠 듯 뒹굴고 뒹굴며

나른한 새벽마다
누가
날, 산벚나무처럼 일으켜 세웠다

아내가 늘 그랬다

대장간의 나비는 날고 날아

스르륵,
경첩이 흘러내렸다

어미는 젖을 물려야 했다
그동안 낡은 저고리를 얼마나 많이 여닫았을까
옷고름을 풀어 흔쾌히 내주었거나
부릅뜬 눈으로 주변을 경계하며
몇 천 번 입술을 포개었을 그루터기였을 것

태생이 워낙 측은하였다
여태껏 눈길 한 번 받지 못한 게 죄라면 죄
아파서 뜨거운 애벌레는 쇠망치 소리를 감당해야 했다
얼음장에 찢어지듯 수장을 당하거나
명치끝을 두들겨 맞는 일까지

망치질에 익숙한 애벌레가 기어갔다
 더위에 한풀 꺾였거나 어쩔 수 없이 본인이길 거부했다가도
 불길에 뛰어들어 자결을 감행하기도 했다

 목울대를 눌러 피 울음을 삼켰다

애벌레가 수명을 다했는지 사지를 납작하게 늘어뜨
렸다
 그러다 금세 꿈틀거렸다

 어디선가 홰치는 소리가 들렸다
 대장간을 빠져나온 나비가 포롱포롱 날아올랐다
 이내 방문을 활짝 제치더니
 삐걱거리는 장롱에 살포시 내려앉았다

그래서 바다를 떠났다

바다의 표면장력은 코끼리 가죽이었다
꽃게잡이 배가 수면에 깊고 길게 홈집을 냈다
하얗게 피를 콸, 콸 쏟았다
노도의 광기를 해독할 수 있는 사람은, 나 혼자
적조도 이참에 그물을 걷으라고 했다
어쩌다 바다마저 변종 코로나에 감염됐는지 알 수 없었다
바다가 마르면 파도의 무늬만 생채기로 남을 터였다
갈매기들이 벗겨진 전선에서 물구나무를 섰다
때아닌 겨울 소나기가 퍼부었다
닻을 내리고 부스러지게 햇빛을 만지작거려야 했다
뺨이 부르터 아물기엔 아직 어림없는
바다의 온기는 빙점 이하
이번에는 갈치잡이 배가 일제히 닻을 올렸다
살얼음에 쩍하고 금이 갔다
첫 추위 때문만이 아니었다
갈매기가 닻줄에 날개를 걸쳐놓은 것이다
바다에서 만난 마지막 풍경이었다

등산화

등산화가 맞질 않아 바꿀까 말까 망설였다
넉넉해야 한다는 이야기가 주류였다
속없이 발이 더 자랄 수 있으니 괜찮을 거라 했다

그랬는데,
헐렁해지더니 냅다 벗겨지기 일쑤였다
모셔야 할 형편이었다

내 몸의 한쪽이 되어야 했는데 상전上典이 되었다
컴컴한 곳에 아무렇게나 던져놓았다

친구 부고장이 날아왔다
다 헤진 짝짝이 등산화가 제단에 나란히 놓여 있었다

거미의 집

외딴집에
사는 거미는 바쁘다

도심재개발 지역
포클레인에 복부를 여지없이 관통당한 집
꿰맬 상처가 깊어 끙끙 앓는 집
농장이든 축사든 철탑이든
닥치는 대로 까부순 집

거미가 실타래를 뽑는다
양철지붕에 올라 슬레이트 헛간을 돌아 나오고
허드레 부엌에서 햇빛 한 상 걸게 차려
마당으로 나온다

이웃을 불러들여 함께 먹고
귀뚜라미를 불러들여 함께 먹고
검불도 불러들여 덮을 지붕을 엮느라
똥배가 홀쭉하다

거미는 평생 외딴집을 짓느라
거룩하다

소낙비

압정이 튄다
대가리를 처박으며 콩 튀듯 튄다

길길이 날뛴다
악다구니에 핏대를 세우며

우울한 날
내 등을 찔렀던 값비싼 흉기들

성계

온몸에 철조망을 쳐놓았다
파도를 잘게 쪼개 심성을 누그러뜨리려나 보다
고래의 핍박에 두드러기가 솟구친 것은 아니었다
가시로 칭칭 감은 진짜 이유가 궁금했다

우도 해변에서 성게알을 파먹었다
해삼은 내장마저 내주었다며 걱정하지 말라 했다
일백 번 고쳐 죽는 들 여한이 없을 거라는 거룩한 말씀들
제주 바다가 투명한 까닭이었다

에메랄드 바다를 한 술 퍼 담았다
미역귀들이 고구마 줄기처럼 따라 나왔다
손님들의 입맛을 시원하게 잡아당겼다
눈치 빠른 성게가 외투를 벗어 던지더니
끓어오르는 불편한 진실을 말했다

가시는 흉기가 아니라는 것
제 새끼 감싸는 너른 포대기라는 것
당신의 입맛을 돋우기 위한
유쾌한 희생이라는 것

자화상

보이지 않는 곳에서
소나기가 외길을 걸어 나와 맨살을 드러내면
잃어버린 얼굴에 웃음을 내리깔고
허둥대는 슬픔의 돌
어제 먹던 술병에 비바람이 일어선다
혼자 들키는 비밀을 책갈피에 끼워두고
달무리를 찾아 걸어둬야지
멀리서 걸어오는 자의 발걸음 소리가
아프게 또렷해질 때까지

색칠공부

네 살쯤이었을 게다
맞벌이에 할머니가 아이를 맡고 계실 때

어느 날 문방구 앞을 지나갔다
아이가 색칠공부를 사달라며 떼를 썼다
알아듣지 못한 할머니가 물었다

"시래기국?"
"아니여, 아니랑께!"
"그럼 머시당가?"
"천천히 말해보소."
"색·칠·공·부!"
"씨·래·기·꾹?"

아이는 떼쓰며 뒹굴고
할머니는 답답해 뒹굴고

요즘, 할머니 손녀가 사드린
색칠공부를 하고 계신다

오월이*

2022년 11월 16일생

 탯줄을 끊고 난 뒤 여태 몸을 씻지 못했다 배냇저고리가 벌써 백일이 지났으니 오물이 덕지덕지 붙었다 유리창 눈곱을 털어내지 못했고 발목에 튄 구정물을 씻지 못했다 가끔 소낙비에 샤워를 맡겼으나 옆구리가 간지러운 건 어쩔 수 없었다

 밥 먹여야 할 때가 되었다 목욕은 그렇다 치더라도 굶으면 사지가 마비되는 중세가 올 텐데 겁이 덜컥 났다 퇴근길 주유소를 들르려 했다가 덤프차에 놀란 오월이 차선을 바꾸다 정지선을 넘었다

 뒤따라오던 차가 빵 몇 개를 또 던져주었다

---

* 새로 산 차 별명.

황학동 풍물상점

없는 것 빼놓고 다 있었다
빛바랜 기억을 반추하는 클래식 카페였다

비사표 성냥은 지금도 구들장을 데우는 불쏘시개다
지식인의 책장을 채웠을 파스칼의 팡세나 시집, 전집소설류들
오래된 디스크에선 하숙생이 인생이라며 핏대를 세웠다
고전 명작이 된 월간지 여성 모델이 뇌쇄적이었다

괴나리봇짐에 막걸리를 훔쳤을 주발에는 주모가 어른거렸다
파계승이 버리고 떠났을 목탁에선 솔바람이 일었다
아직도 반납하지 못한 안동산 아이스케끼통은 시원달콤했다
금성라디오가 뽕짝 가락을 구성지게 꺾었다

삼백 년 은행나무로 만들었다는 연판문 떡살들
결혼을 축하하는 화조도花鳥圖 주인공은 누구인지 모르겠으나
원앙 옆에서 새 애인을 기다리고 있었다

그런데,
잦은 설거지에 손가락 관절을 앓았을 종손댁
색동 앞치마가 보이지 않았다

길 건너편 신축빌딩 옥상 요양병원
개업을 알리는 펼침막이 팔랑거리고 있었다

파지 破紙

종이 한 뭉치 들고 선다
파지처럼 저며질 운명 앞에 후회는 없다
탈색한 기억까지 베어야 한다
쓸 만한 반듯한 말씀도 두 발로 눌러 닫아야 한다
꺾쇠에 갇힌 삶의 부호들
칼날 사이로 모가지를 엉큼하게 내민다
어지러운 세상에서는 무엇이든 여지없이 베어질 일
내 짧은 이력서도 저리 토막 나겠지
말발굽 소리로 톱니가 돌아간다

그냥,
그렁그렁 바라보고 있을 때가 아니다

어느 시인의 습관성 오류에 대하여

차마 그 강물에 발은 씻지 못하리
국가 하천 섬진강을 평생 무상으로 임대받았다는 시인은 남도 육백 리 물줄기는 눈감고도 훤하니
모래밭에 글을 파서 시의 두꺼비집을 지었다
행여 무죄가 될 수 있을까
무단으로 강을 점유한 시인은 부대끼며 사는 몽돌의 언어를 만들었고 시의 돌탑을 쌓았으며 은어 떼가 자유로이 헤엄치도록 물길이 넘치게 했으니
무기형 아니면 종신형이겠지

물과 언어가 만나 두물머리를 이루는 섬진강
차마 발을 씻을 수 없는 시인은
저문 봄날 강변에 앉아
입술이 말라붙은 풀과 나무에게 생수 담은 시집을
읽어주고 있었다

빈집

어깨 한쪽이 기울어졌다
목디스크도 있어 서까래까지 들여다봐야 했다
천정에서는 좀 벌레의 흔적이 나왔다
척추에 공극이 생겼을지도 모른다는 경고
상량문은 낡아 출생연대를 짐작할 수 없었다
대들보의 보수 없인 골격 유지가 어렵다는 통첩이었다
두드려 보니 서까래와 들보를 잇는 미세 관절까지 손상되었다
혈관 주변에 거미줄이 번성했다는 증거
대대적인 보수가 필요하다는 진단이었다

흙벽에서는 비듬들이 떨어졌다
시간의 더께를 너끈히 견딘 미륵불의 먼지들이었다
온몸을 감싸는 피부 각질이 건조했다
허혈성 저혈압에 지붕을 받쳐야 할 기둥이 기우뚱거렸다
아랫목 구들장에 손을 넣어보았다
온기가 달아난 지 오래였다
긴급 수혈에 대수선의 명령이 떨어졌다
대못을 치고 삽으로 구멍부터 막아야 했다
더 무너지거나 자빠지기 전에

겨울비는 내리는데

  방황이라는 방울모자를 깊게 눌러썼다
  저녁부터 신발을 닦고 김밥을 챙겼다는 내 차를 핑계로
  신발 끈을 조였다

  구태여 칭찬을 곁들이자면
  창문을 벗겨 구름을 떠 마시는 습관이 돋보였다

  동해에 닿으려 호흡의 덩치를 키워왔다
  미시령을 넘어가는 동안 방울모자를 몇 번이고 고쳐 썼다
  음정이 불안했으나
  빗줄기 보폭으로 안단테, 안단테

  누가 머물다 벌써 떠났나 보다
  말의 비린내들이 물씬 풍겼다
  마스크에 방울모자를 고쳐 썼다, 피의자처럼

  하염없이
  겨울비는 내리는데

3부

일탈을 꿈꾸며

새도 날아오지 않는다
차가운 평행선을 바라본다
철로도 언젠간 소실점 밖으로 튕겨 나가
피 흘리며 울부짖는 기적을 듣게 될지 모른다

목을 늘어뜨린 사내가
가랑이를 반쯤 벌린 아낙의 어깨에 기대어 있다
손잡이는 다리로 감아 넝쿨처럼 얽고 간다
보따리를 껴안은 사람들의 기착지는 어디일까

터널 속으로 기차가 빨려 들어간다
별 가까이 깜박거리는 반딧불이
금세 커졌다 작아진다

풀꽃들의 저녁식사

흙과 비와 바람이 전부인 풀꽃들의 저녁 식사에
어렵게 내가 초대되었다
얼마나 맛있게 숟가락질을 해댔는지
온몸에 풀물이 들었다

흙은 풀꽃의 자궁이었다
길가에 알락달락 풀꽃들이 피어 있었다
똘똘한 눈이 있어 자동차 경적에 피멍이 들어도
엉겨 붙거나 싸우지 않았다

봄비가 미세먼지를 관통했다
꽃대가 금방 빨갛거나 하얗거나 노래져서
내 눈이 다 휘둥그레졌다
사람들이 공원으로 모여들었고 똬리를 틀고
윗도리를 벗어 던졌다

더도 덜도 소슬바람이었다
치킨, 피자, 돈가스에 등 붉은 고등어까지
젓가락질 시늉만 했는데 허리띠가 느슨해졌다
후식으로 바람 한 숟갈씩 말아먹는
풀꽃들의 저녁식사

일식삼찬이라 잔밥이 없는 걸요

온수리溫水里에서

곡성군 석곡면 온수리
누대를 이어온 돌확이 살고 있다

돌확은 하늘이*를 닮아서 배퉁을 함부로 뒤집거나
꼬고 앉거나 악수를 곧잘 한다
하늘이는 닭을 치고
닭은 하늘이를 쪼며 아픔을 덜어내고

목련에 눈꽃이 앉아있다
돌확이 먼 산을 물끄러미 바라다본다
장독대에 봄물이 차오르고 있다는 징표겠지
물옥잠 몇 송이 던져놓으면
잠깐이나마 외로움을 떨칠 수 있을까

햇살이 매운 눈발처럼 부서지는 날
앞산 산벚나무가 돌확에 물을 채우겠다며
단방에 뛰어 내려올지도 모를 일

하늘이가 꼬리를 흔든다
맞다, 맞다 맞장구를 치다 주인 입가를
슬쩍 훔치는 온수리에서

* 강아지 이름.

타임 아일랜드, 또는 어머니의 섬

 바다가 갈라진다고 했을 때 갯가를 마당처럼 살아온 당신은 배부른 사람들의 부질없는 장난이라며 애써 외면했다 모세가 설령 눈앞에 나타난다 해도 관심 밖의 일, 물질이 사나운 영등시에도 낮달을 따라 자맥질에 나섰다

 타임 아일랜드로 가는 길, 갯바위에 늘어선 마른 웅덩이들을 사람들은 공룡이 놀다 간 발자국이라고 했으나 당신의 눈물샘이었던 것, 내가 뭍으로 유학을 떠나던 날 자식의 안녕을 영등할매에게 빌고 빌었다 딱 한 번 바다의 속내를 보여준다는 영등시에도 약속은 죽어서도 지키는 것이라며 아무에게나 길을 가르쳐 주지 않았다

 진달래가 피기 시작했다 바다에 경사가 있을 징조라며 서둘러 나갔다 먼 곳에서부터 너울이 다가오더니 당신의 가르마를 따라 바다가 갈라졌다 눈동자 속으로 갯것들이 달려들었다 바닷길이 열린 시간은 잠깐이었으나 당신의 물질은 계속되었다

만장이 휘날리는 꽃샘추위 속에서 오랫동안 눈물을 훔쳤던 건 실종 소식이 공중파를 탄 며칠 뒤였다 타임 아일랜드, 어머니의 석관石棺이었다

머리칼을 자르거나 밥을 끊거나

틈만 나면 일탈과 외도를 꿈꾸는 여의도 1번지

잘 썰어놓은 생트집에 오기 어린 막말과 궤도이탈이 낳은 횡설수설들
막무가내 청진기의 겁박을 아스피린으로 다스린다
당선 현수막의 갈기를 씹는 시위가 오래되어 고맙다는 말도

늘 할 일은 없으나 바쁘다며 가난한 사람들의 생장점을 건드리다가
스스로 분개하여 머리칼을 자르거나 밥을 끊거나

음흉한 음모처럼
국회의사당 잔디밭에 무럭무럭 자라고 있다

아메리카노

휴대폰으로 책장을 넘긴다
블루투스 이어폰에 아메리카노를 마시는 일
너무 편해 불편하다

수험서적을 일찌감치 밀쳐놓고
노트북을 열어 영화 기생충을 본다
어디론가 카톡을 보내고 스터디카페라고 하겠지
아메리카노를 맛깔나게 젓다가
비데에 앉아 메시지를 수신하고 미간을 찌푸리겠지
탁자에 코를 박고 졸린 에어컨을 돌리면서
고향 탱자꽃 울타리는 생각날까

휴대폰을 두드려 지도를 펼친다
아메리카를 점령하는 일이 희망이라고 했다가
황급히 삭제하더니
어디론가 동시다발 아메리카노를 전송한다

고래사냥

갯바위에 햇빛이 한발 물러날 때쯤
칼바람이 난장인 포장마차에서 고래를 만났다
한 잔의 취기에 연탄난로가 덩달아 달아올랐다
내가 미처 주문하지 못한 말을 어떻게 알아차렸을까
오늘은 내가 고래살해사건 피의자라고 해도
말끔하게 용서되는 밤

알몸으로 세파에 뛰어들어 고래를 만나야 했다
한 여자의 지아비로 바다를 거두며
고둥껍데기에서 가족을 보듬고 사는 것은 누대의 습관
바닥이 드러나도록 생선을 꺼내 팔아먹는 사람들
 고래의 흔적이 말끔히 지워졌다는 푸념은 허튼소리였다

 햇살이 수평선으로 밀려 나갈 때쯤 고래가 손짓하였다
 이때는 해녀도 물질을 마치고 나와 호흡을 가다듬고 있을 때
 파도는 바다를 가르는 고래가 되었다
 망망대해로 나갈수록 쾌속 질주의 야성을 드러내는 고래
 표범 울음소리를 내며 날 무질러 나갔다

쫓고 쫓기는 추격전 끝에 내 젓가락에 걸려들었다
갈고리 대신 부드러운 혀끝으로 찢긴 지느러미를 닦아주었다
혼수상태로 허름한 집을 방문한 고래
침침한 내 의식의 꼭짓점마다 등불을 환하게 켜놓더니
쏜살같이 바다로 꼬리를 감췄다
포장마차의 포렴布簾이 가로등에 잠깐 흔들렸다

양은냄비의 사랑 노래

묵은 때가 빛났다

양은냄비가 라면을 보듬고 사랑이라며 뽀글거렸다
체중 감량으로 아프게 얻은

부글부글 끓지 않고선 배겨나지 못하는 사람들
달동네로 모여들던 때가 있었다

마당에 별이 내려와 노닐었고
함박눈이 어지러운 골목을 밝히던 때

끓기도 전에 별들이 먼저 후루룩거리던 날
라면을 몰래 생으로 씹었다

오르막길마다 늘 같은 편이었던 산동네
정표라며 이웃이 주고 간 것은 쭈그러진 양은냄비였다

묵은 때가 솔솔 피어나는 양은냄비
백화점에서 느긋이 손님들을 맞이하고 있었다

보도블록을 바라보며

부스럼이 채 아물기도 전
또 딱지를 걷어낸다
송년회 거리에 연례행사처럼 치러야 하는
멀쩡한 가슴앓이들

찢겨나간 한 해를 돌아본다
바람이 잘 포개진 보도블록을 만져본다
시루떡의 온기 그대로다

벚나무 아래서 씨부렁거린다
그래도
송구영신이다

오전 아홉 시

불이 켜졌다
내가 스위치를 올린 게 절대 아니다

눈을 비볐다
새벽이 당신처럼 찾아왔고 고양이와 세수를 끝냈다
빨래 바구니에서 파란 자켓을 다시 꺼냈다
던져놓은 청바지와 양말은 세탁기에서 졸고 있었다
먹다 남은 콜라병에 병아리들이 삐악거렸다
단무지에 과태료 고지서, 약봉지들이 식탁에 널려있었다
어제 내가 했던 일을 철저히 기록했다는 자세로

문을 열었다
바삐 나가려다 손가락에 현관문이 끼었다
아플 새도 없이 휴대폰이 울렸다
차를 빼달라는 욕지거리에서 치맥 냄새가 묻어났다

벨을 눌렀다
엘리베이터가 취기를 갈아 끼운다며 층마다 멈췄다
지하 주차장에 도착했으나 차 키를 놓고 왔다
수십 년째 반복된 일이었다

입술이 말랐다
맨 꼭대기 층에 걸린 엘리베이터
오전 아홉 시가 지나도록 내려오지 않았다

이상한 느티나무

이상하게도
제 치부를 보여주지 않던
보는 이에게만 잠깐 배꼽을 보여주는
전라全裸의 느티나무
칠월의 불볕을 시원히 받아먹고 있다

볼수록 사타구니를 닮아
애써 못 본 척 지나치려 하는데
먼 길 왔으니
하룻밤 편히 묵고 가라며
오동나무 이파리를 널찍하게
깔아준다

노가리

 그냥 두고 떠날 수 없어 몸부림치던 저녁 어스름에, 죽었어도 날 위한 마지막 배려라며 갈가리 찢기는 아픔을 감내하겠다는 걸까

 하관을 위한 사기 접시, 싸늘한 체온 곁에 그래도 저녁별 하나, 둘, 셀 수 있는 여유, 가장 편한 자세에서 향유 하는 날을 위해 여태껏 고뇌했겠다

 퇴근길, 안주로 잘근잘근 씹어보면 안다

돋을새김무늬의 비밀

뒤집어 읽을 수 있기에 사람이다
상형문자가 항상 그림으로 읽히는 게 아니다
삶도 몸체가 분명히 구획되는 것이 아니어서
지우고 살피고 다시 그려야 한다
칼이라는 운명을 기꺼이 받아들이기 전까지는
떠내야 할 생각은 몇 평이나 되는지
깎아내야 할 군살이 어디쯤 도사리고 있는지
그리하여,
풍찬노숙風餐露宿을 넉넉히 견뎌낸 소나무 한 그루
오롯이 세한도의 중심이 된 것처럼
내 삶의 이랑을 두둑이 하기 위해
철우공방*에 간다

---

* 전남무형문화재 제60호 각자장(刻字匠) 곽금원의 작업공간.

거문도 여객선 터미널

흔들리며 떠다니는 일
우리는 익숙한 우주의 개구리밥이다
뭉뚝한 허리의 탄력으로는
바다의 노기에 쉽게 노출된다는 사실을
물길이 한 수 가르쳐 준다
꼰지발을 아무리 높게 세워도
바닥에 닿지 않는 근심의 깊이는 잴 수 없는 일
먼 항해에 승객들이 기우뚱거린다

내가,
거문도 여객선 터미널에 부표처럼 던져졌을 때
세상이란 개구리밥이 뱉은 헛뿌리 같은 거라며
손가락이 모자란 매표소 아저씨
선표를 반갑게 건네받는다

강변 풍경

 미루나무 숨 쉬는 강변 나루 해거름이 되도록 앉아 있던 노인이 느슨하게 풀린 줄배를 바라봅니다 그러다가 언제 끊길지도 모를 삼줄을 끌어당깁니다 강물이 팽팽해지며 뒤척거립니다 행여 도회지로 나간 녀석의 소식일까 싶었으나 강이 타들어 가는 눈치라는 걸 알고 앞산 쪽으로 눈길을 돌립니다

 신작로로 나가려는 댓바람이 머뭇거립니다 어제도 십 리 벚꽃 길을 걸어갔다 돌아왔습니다 몇 올 햇빛조차 떠나버린 호젓한 나루 올봄 덧난 갈증을 해갈하지 못하리라는 예감 때문인지 마을마저 물안개에 가려 아득합니다 강물이 마르면 노인도 삐쩍 말라붙을 것을 아나봅니다

 빗방울이 강기슭을 더듬고 지나갑니다 노인이 자리를 털고 일어나 삼줄을 힘껏 잡아당깁니다 강 깊은 울음을 알 리 없는 녀석이 나루까지 노을을 몰고 와 잔물결을 휘적거립니다 찬바람이 강 너머에서 건너옵니다

 숨소리가 거칠어졌다 조용해집니다

4부

영광반점

짜장면집 가는 일이 영광이었다
뚝배기 백반의 포만감보다
간절한 기도 없이 갈 곳이 있다는 여유 같은 것이었다
두 아이의 재상이 아닌 식객으로서 말이다
반나절의 곱빼기에 담긴 바다가 반짝거렸다
스쿠터를 타고 가는 발걸음이 바퀴보다 빨랐다
길가 도꼬마리가 튀밥처럼 터졌다
깨알 같은 설렘에 승리의 진군나팔을 불며
연도교를 위풍당당 건너갔다

영리한 파리가 먼저 자리를 차지하고 있었다
단무지엔 식초, 양파 쪼가리엔 춘장이 제격이라는 걸
늙은 백여우 같이 알아차렸다
나무젓가락에 하마터면 그릇마저 넘길 뻔했다

먼바다
외딴섬에서 피어났던 아지랑이 짜장꽃들
그리움이 면발처럼 흘러내린다

홍어삼합

꿀꺽하면 서너 잔도 넘어갈 듯하다
썰고 포개고 두루 쳐도 맛이 그만하니
세 가지를 버무려 돌탑처럼 쌓아야 올여름이 가겠다
열대야를 재우는 방식이 솔바람이면 좋겠으나
누가 뭐라 해도 삼합이 으뜸이다
홍어라는 말만 들어도 첫눈이 되어 사르르 녹거나
둘이 먹다가 당신이 죽어도 몰라야 했다

삼합이란 본디 궁합이 맞는 사람끼리 머리를 맞대는 일
입맛에 맞는다는 말은 속궁합도 좋다는 말이므로
서해의 자궁은 푸르고 싱싱해야 한다
흑산도라는 탯줄이 없었다면 멸치에 지나지 않았을 홍어들
김치는 손맛이라 비비고 버무리면 된다
지리산 흑돼지라 해도 돼지일 수밖에 없는 억울함을 달래며
깍두기처럼 곱게 썰어 포개면 된다

썩을수록 시원해지는 해안 통으로 간다
아낙네가 불거진 눈을 비비고 마중을 나오리라

가슴 막힌 사람끼리 콧구멍을 시원하게 뚫어보자며
막걸릿잔을 높게 쳐들고

정미소 앞마당의 참새들

참새들이
정미소 앞마당으로 벌 떼처럼 모여들었다
바야흐로 추석 무렵
일 년 만의 안녕을 다시 묻기 위해
귀향 차량들이 정미소 앞마당으로 모여들었다
함부로 흘린 게 잘못이었다
낟알을 쓸어 담고 있는 것은 차량의 바퀴들이었다
참새들이 다리가 찢어지게 쫓아갔다
타이어 바퀴에 어찌나 야무지게 박혔던지
주둥이가 뭉개질 지경이었다
허기진 참새들이 동네 주막으로 찾아왔다
며칠째 상보로 덮어놓은 시금한 술상을 바라보다가
마른 열무김치 가닥에 군침을 흘렸다
방앗간 벨트가 끊어졌다는 걸 눈치챘을까
정미소 앞마당의 참새들
추석 내내
차량 바퀴를 쫓아다니고 있었다

고조리를 만지작거리다

 바닥에 남아있는 한 방울까지 털고 나면 취기가 달아올라 화장실로 달려갔다
 할머니는 오줌이 마렵다고 할 때마다
 요놈의 고추 하며 고조리를 만지작거리셨다
 요기 때문에 빳빳하게 일어선 돌기를 주체할 수 없는
 스무 살 청년이 되었을 때
 넌 앞으로 큰일을 할 놈이라며 짧은 키를 추켜세우셨다
 쌀밥이 금싸라기 대접을 받을 때라 왕소금만 보아도 배가 불렀던 시절
 고두밥을 지어 첫술을 먼저 주셨다
 돌아가시기 전날까지 군불을 지피며 고추를 만지작거리셨으니
 누가 뭐라 해도 고조리는 내 몫이었다

 제삿날, 고조리로 내린 홍주를 잔에 올렸다
 당신이 아끼시던 손자의 두 손으로 하늘을 떠받치면서

아버지의 지게

깊게 갈아엎어야 열매가 많이 열린다는 아버지의 지게는 늘 한 뼘 길었다
말이 얌전해서이지 보습을 숫돌에 갈아도 금방 물러 터지는 자갈밭을 갈아엎는 데 평생이 걸렸다
질척거리는 수렁에서도 미간은 넓었다
찬물에 양푼 보리밥, 서너 가닥 신 열무김치를 놓고 저녁마다 두레밥상에 둘러앉았다
일남구녀의 아이들이 제 몫은 있을 거라 꼴깍거렸다

아버지의 어깨를 파스값 대신 밤새 주물렀다
굽은 등에 뿔이 돋아나 있었다

우리를 싣고 다니는 컨테이너 차량이었다

웃기는 구걸

현금자동인출기가 뱉어 놓은 통장에는 창세기에서나 볼 수 있는 불립문자들이 빼곡하게 박혀 있다 내 눈이 난시라고 하기에는 무리가 따르는 욕심이지만 모래알이라 생각하면 모래알로 보일 뿐인 숫자들이 찌지직, 하며 따라 나온다 나도 한때 눈에 모래알이 박혀 눈 뜰 수 없는 허망한 날을 보냈다 버튼에서 풍기는 악취를 맛있게 받아먹던 일이 자본주의에 길든 동냥치라고 해도 틀리지 않는 말이었다

뒤에 서 있던 안경 낀 젊은이가 손을 내밀었다
차비가 모자라서요

지금은 스마트놀이 하는 시간

빵 굽는 냄새가 어지러운 용산역
손가락들이 쉴 새 없이 째깍거리며 돌아간다
지금은 숨 쉬는 것조차 호사라며 지하철로 뛰어가는 사람들
전동차 바퀴를 굴리러 간다

코를 씩씩 불며
오늘의 뉴스만으론 맛있는 저녁을 조리할 수 없다며
번갈아 가며 손바닥을 쪼고 있다
모가지를 아예 바닥에 떨어뜨린 사람이 여럿이다
조문도 저렇게 경건할 수 없다

내 뭉뚝한 손가락에도 빳빳하게 힘을 실어 달린다
호흡이 어눌하여 존댓말이 어긋날지라도
시늉이 시늉으로 끝나선 안 되는 손가락발전소

전동차 바퀴가 구른다
손가락까지 합세해야 바쁜 세상을 환히 읽을 수 있는
지금은 스마트 놀이하는 시간

그녀가 아프다

폐경을 암시하는 듯한 열기가 달아올랐다
계절성 감기려니 했는데 코로나가 심각 단계에 진입했다
유감없이 진가를 발휘할 줄 알았던 처방전보다
마스크라는 이름이 더 어울리는 여자
앓았던 시간을 되돌릴 만한 단방약은 아니었다

뺨에 패인 끈 자국이 목덜미에 뻗쳤다
휴식이라는 긴급 투약에 자고 나면 풀어지겠지 했다
며칠 전까지만 해도 화장발 잘 받는다고 좋아했던 그녀
이맛살이 찌푸려졌다
세월이 결빙된 주름살이라며 위로를 보내긴 했다

치유 불능 악성 바이러스에 감염된
그녀가 아프다

다랑이

 산 7, 8, 9번지 다랑이는 가랑비에도 한 필지였다

 눈대중만으로 지적도를 그렸다 서너 필지 논배미 정도는 레벨이나 먹통 없이 한 눈만 찡긋하면 되었다 모판 씨나락도 주판 없이 정확히 어림했다

 물뱀이 지나간 구멍을 깊게 다져 놓았다 올 농사는 걱정 없다며 새참이 아니더라도 입가를 쓸어내리며, 논두렁 찔레꽃 길을 의젓하게 걸어갔다

 잔뜩 찌푸린 여름날 오후 넥타이 차림의 양복쟁이들이 우르르 지나간 뒤 누가 천수답을 야금야금 갉아댔다 물길은 물뱀 통로로 콸콸 새어 나갔다 논바닥은 뒤집혀 구정물을 들이켰다

 천수답은 비가 내리지 않아도 더 이상 손길을 기다리지 않았다 벌써, 한 필지의 너른 골프장으로 인해 너무나 눈부셨기에

청계천의 봄

한낮,
배불뚝이 비단잉어들이 물살을 촘촘히 짚어가며
오르락내리락하였다

번쩍,
돗자리를 일찍 깔고 물목을 지키던 왜가리의 눈빛이
번득였다
건들거리던 비단잉어들이 물풀로 숨어들었다

순간,
물의 커튼을 내리며 물살을 후려치는 신음에
내가 부르르 떨었다

펑펑,
기다렸다는 듯 이팝나무 쌀밥처럼 터지는 오월을
청계천에서 만났다

동강할미꽃

 어미의 어미를 할미라고 불렀다던가 할미는 평생 허리를 편 적 없다는 걸 동강할미꽃을 보면 알겠다 어미는 동강을 바라보며 구절양장 길을 따라갔다 오일장을 건성 둘러보고 그믐밤에 도깨비를 만났으니 어깨가 무너지게 도리깨질을 해댔다 너덜겅에서 할미가 돌아가시고 강과 짝짓는 신작로가 놓이고 새 다리가 생기면서 어미도 구부정하게 할미를 닮아갔다

 그 후, 도깨비는 나타나지 않았으며 입소문 무성한 산비탈에 까마귀 울음만 자욱하였다 네 할미가 부르는 소리라고 단정하기 어렵다만 어미는 할미가 죽도록 보고 싶었다

 그래서일까
 요즘, 동강할미꽃 보기가 무척 어렵다는 것을

이장님, 우리 이장님

 새싹표 모자에 민방위복 차림으로 마을 안길을 게걸음 치다 똥개라도 만날라치면 으르렁으르렁 쓰다듬는 이장님, 빈집마다 고개를 들이밀어 풀을 뽑는 사이 귀밑에 희끗희끗 갈잎이 흩날린다, 컵라면에 목메는 팔순이 되도록 경로당 마당을 쓰는데 웬 손가락이 그리 갈퀴를 빼 박았는지 눈물이 찔끔한다, 오줌 발도 찔끔거릴 텐데 새참도 잊은 채 종종걸음이다, 벌써 달은 중천에 떴고, 우리 이장님 이마에 검버섯이 훈장처럼 유쾌하게 피어난다

칸나모텔

모텔 간판이 꾸벅거렸다
손님이 빠져나간 빈방에 물병을 다시 채웠다
집 나간 고양이만 돌아오면 되었다

각종 짜라시들이 도로변에 흥건했다
누가 머리카락을 손으로 훑으며 하품했다는 표식이다
하품이 끝나면 꼭 눈물을 훔쳤다

주차장 구석 칸나꽃이 희미했다
꽃들의 경계는 분명해서 가차 없었다
고양이가 밥그릇 둘레에서 어둠을 두리번거렸다

모텔 간판이 내려왔다
창문을 닫고 이불을 가지런히 개켰다
거리의 불빛들이 칸나 허리를 휘리릭 감쌌다

억새에 베이다

아무나 억새가 되는 게 아닌가 보다
샛바람 앞에서 생사의 이치를 등 분할 하는 추분 무렵 저리도 간절하게 날갯짓을 한다

회한의 족쇄에서 벗어나려 밤낮 숨구멍을 들락거렸을 개미 한 무리가 생의 저쪽에서 보낸 우편물을 수취인 불명의 집으로 부리나케 배달하고 있다

한때, 아름답게 춤추었노라고 참 후회가 많은 놈이라고 그래서 늘 뒤통수가 가렵다며 휘갈긴 비문이 상여 행렬을 이루고 간다

현고학생부군신위顯考學生府君神位

억척스레 새우깡을 끌고 가는 개미들을 보며 잘못 선택한 오늘에서야 벌초하다 손가락을 함께 베어낸다

목련 생각

목련꽃 지고 피는 사이
이파리가 들쑤시는 틈새를 왜 세월이라고 불렀을까
노인이 목련을 쳐다보며 혀를 끌끌 차는 동안
풀 먹인 햇살이 비누 거품일 듯 풀어진다

뼈마디 기상예보에 신경통을 동반한 비가 내린다
목련꽃 이파리 환장하게 들이댄다
막걸리 사발 들이킬 때는
꽃 핀다는 사실마저 흘려버린 일이 다반사였다
온갖 푸념을 경단 뭉치듯 하는 사이
목련꽃 또 한 겹 벗겨져 내린다

아내 잔소리야 바가지 긁는 소리로 들으면 된다
목련꽃 들썩이는 틈새가 목을 단단히 조여 오는 것 같아
돌담을 멀리 돌아 도망치듯 집으로 간다

어스름이 동짓날처럼 빨리 깔린다는 걸
흘겨, 흘겨보면서 말이다

해설

심연의 슬픔을 견디는 일

/문신

■해설

심연의 슬픔을 건디는 일

문신
시인·문학평론가

1.

인간은 왜 살아가는 걸까? 이런 물음에 몇 가지 답을 구해본 적 있다. 그중에서 가장 마음에 들었던 건 이거다. 인간은 자기를 망각하려고 사는 존재라는 것, 눈앞에 자기가 어른거리거나 마음에 자기 그림자가 드리워 있다는 걸 상상해 보라. 견딜 수 없는 부끄러움이 먼저 일어날 것이고, 뒤이어 참담함 내지 참혹함이 밀려들 것이다. 그래서 우리의 시선은 언제나 외부를 향해 열려있는지도 모른다. 거울이나 수면에 반사된 왜곡된 자기가 아닌, 날것으로서의 자기 진심을 보지 않도록 인간은 창조되었거나 그렇게 스스로 진화해 온 것이다.

그렇다면 왜 인간은 자기를 망각하려는 걸까? 이 질문에 대한 답은 아직 구하지 못했다. 그러나 한 가지, 인간은 자기의 자리에 언제나 세계를 들이려고 한다는 건 알고 있다. 라이너 마리아 릴케가 시인 지망생에게 보낸 편지에서 이미 말하지 않았던가. "창조는 자체가 하나의 세계가 되어야 하며 모든 것을 자신의 내면에서 그리고 자신과 한 몸이 된 자연에서 구해야"[1] 한다고. 그렇다. 시인이 창조하는 건 자기가 아니라 세계다. 그럴 때 세계는 역설적으로 자기가 된다. 이렇게 자기와 세계가 빈틈없이 겹쳐진 것이 시라면 믿을 수 있겠는가.

> 보이지 않는 곳에서
> 소나기가 외길을 걸어 나와 맨살을 드러내면
> 잃어버린 얼굴에 웃음을 내리깔고
> 허둥대는 슬픔의 돌
> 어제 먹던 술병에 비바람이 일어선다
> 혼자 들키는 비밀을 책갈피에 끼워두고
> 달무리를 찾아 걸어둬야지
> 멀리서 걸어오는 자의 발걸음 소리가
> 아프게 또렷해질 때까지
>
> ―「자화상」 전문

자화상은 예술가들에게 숱한 영감을 불러일으켰다. 이유는 명백하다. 자화상에는 나는 누구인가, 라는 근원적 존재 탐색에서부터 자기 표정의 시시각각을 호기심 있게 지켜보려는 조급증이 담겨 있어서다. 그렇게 해서 자화상에 자신의 전모가 담긴다면 얼마나 좋을까? 하지만 자화상은 자기를 망각하고자 했던 의지가 반영된 상(像, image)에 불과하다. 자화상은 어떤 형태로든 세상에 존재할 수 없는 판타지라는 뜻이다. 그럼에도 여전히 우리 시대에 자화상이 유효한 예술적 상상력이 되는 이

---

[1] 라이너 마리아 릴케, 김재혁 옮김, 『젊은 시인에게 보내는 편지』, 고려대학교출판부, 2006, 17쪽.

유는 뭘까? 어쩌면 보는 자와 보이는 자 사이에 발생하는 돌이킬 수 없는 간극 때문일지도 모른다. 이를테면 원본으로서의 자기와 사본으로서의 자화상 사이에 놓인 진공의 심연 말이다. 일상의 한순간, 느닷없이 어떤 영감이 떠올랐던 경험이 있다면 알 것이다. 예기치 않았던 순간에 저 깊은 곳에서 저절로 뭔가가 솟구쳐 올랐다는 것을. 그곳이 바로 심연이다. 심연은 너무 깊어서 텅, 하고 울리면 그 울림으로 한 생애를 살아갈 수 있는 곳이다. 그런데 그 깊은 진공의 심연을 유일하게 울릴 수 있는 힘은 존재론적 슬픔이다. 이 슬픔의 심연에서 시인은 자기를 응시하게 되고, 응시된 자기 세계와 시인은 최종적으로 하나가 된다. 이것이 자화상의 시 문법이다.

그런 점에서 정영희 시인의 「자화상」은 존재론적 슬픔으로 충만해 있다. 소나기가 드러내는 "맨살"과 허둥대는 "슬픔의 돌"의 관계에서 그것을 확인할 수 있다. 알다시피 인간은 애초에 맨살로 이 세계와 마주했다. 그럴 때 인간은 아직 인간이 아니어서 하나의 사물, 즉 어떤 감정도 내면화하지 않은 작은 돌과 같았다. 눈을 뜨지 않은 돌에게 장차 마주하게 될 이 세계는 비밀로 가득했고, 그 비밀 속에서 딱 하나 알 수 있는 건 지금-여기 내가 있다는 자의식이었다. 슬픔은 바로 그 순간에 일어난다. 나라는 존재가 있고, 내가 알 수 있는 건 세계에서 유일하게 바로 그 나라는 사실에서 슬픔은 발생한다. 그게 정영희 시인에게는 "혼자 들키는 비밀"의 순간이 될 것이다.

2.

이렇게 정영희 시인의 시는 존재론적 슬픔을 들켜버린 세계의 비밀들로 가득하다. 가령 그가 "철로도 언젠간 소실점 밖으로 튕겨 나가/ 피 흘리며 울부짖는 기적을 듣게 될지 모른다"(「일탈을 꿈꾸며」)라고 말할 수 있는 건 언젠가는 삶이라는 소실점 밖으로 모든 존재가 튕겨 나갈 거라는 세계의 비밀을 발견했기 때문이다. 그렇기 때문에 기차가 울려대는 기적은 시인의 심연에서 울려오는 슬픔의 기적이 될 수밖에 없다.

슬픔이 존재론적이라는 건 슬픔을 감지하는 시인의 심연이 그만큼 깊고 넓다는 뜻이 될 것이다. 심연은 한 존재의 슬픔을 고스란히 끌어안을 수 있을 만큼 순수하고 투명한 시공간이다. 그리고 심연은 세계의 파장에 예민하게 감응하는 시적 시공간이면서 그것을 밀도 있는 울림으로 전환해 내는 언어의 시공간이기도 하다. 그렇게 본다면 심연은 존재의 본질적인 비밀이 감추어진 시공간이 아닐까. 이러한 사실은 심연에서 건져 올린 한 편의 시가 시인의 욕망과 세계의 파동이 감응한 결과라는 사실을 강조한다.

　스르륵,
　경첩이 흘러내렸다

　어미는 젖을 물려야 했다
　그동안 낡은 저고리를 얼마나 많이 여단았을까
　옷고름을 풀어 흔쾌히 내주었거나

부릅뜬 눈으로 주변을 경계하며
몇천 번 입술을 포개었을 그루터기였을 것

태생이 워낙 측은하였다
여태껏 눈길 한 번 받지 못한 게 죄라면 죄
아파서 뜨거운 애벌레는 쇠망치 소리를 감당해야 했다
얼음장에 찢어지듯 수장을 당하거나
명치끝을 두들겨 맞는 일까지

망치질에 익숙한 애벌레가 기어갔다
더위에 한풀 꺾였거나 어쩔 수 없이 본인이길 거부했다가도
불길에 뛰어들어 자결을 감행하기도 했다

목울대를 눌러 피울음을 삼켰다
애벌레가 수명을 다했는지 사지를 납작하게 늘어뜨렸다
그러다 금세 꿈틀거렸다

어디선가 홰치는 소리가 들렸다
대장간을 빠져나온 나비가 포롱포롱 날아올랐다
이내 방문을 활짝 젖히더니
삐걱거리는 장롱에 살포시 내려앉았다
―「대장간의 나비는 날고 날아」 전문

   이 시는 장롱의 경첩이 만들어지는 과정을 섬세한 눈길로 포착하고 있다. 반복된 여닫기로 헐거워진 장롱 경첩과 자주 풀었을 어머니의 낡은 옷고름은 기능의 동일성으로 해서 하나로 겹친다. 그 둘을 매개하는 게 "젖을 물려야 했다"라는 논리

다. 언뜻 장롱 경첩과 젖 물림이 상관없는 듯 보이지만, 전통 사회에서 새로운 살림을 시작할 때 없어서 안 될 물건이 장롱이었다는 점을 생각해 보면, 장롱과 어머니의 젖은 살림이라는 생명의 기표가 되기에 부족함이 없다. 그러나 이 시에서 어머니의 젖과 장롱의 가치는 좀 더 내밀한 차원에서 읽힐 필요가 있다. 어머니의 가슴이 한 개인의 심연을 상징한다면, 집안의 살림을 넣어두는 장롱은 가족 공동체의 심연이기 때문이다.

　살림의 심연에서 정영희 시인이 발견한 건 "애벌레"로부터 "나비"로 나아가는 과정이다. 쇳조각이 쇠망치에 명치끝을 두들겨 맞고, 뜨거운 불에 달궈지다가, 납작하게 펴지는 과정은 "목울대 눌러 피울음을 삼켰"던 어머니들의 인생을 은유한다. 그리하여 최종적으로 애벌레를 탈피하고 새로운 생명인 나비를 탄생시킨다. 이렇게 심연에서 발생하는 새로운 생명 탄생의 과정을 보여주는 이 시는 그 자체로 정영희 시인의 창작론이 되기에 손색없다.

　　종이 한 뭉치 들고 선다
　　파지처럼 저며질 운명 앞에 후회는 없다
　　탈색한 기억까지 베어야 한다
　　쓸 만한 반듯한 말씀도 두 발로 눌러 닫아야 한다
　　꺾쇠에 갇힌 삶의 부호들
　　칼날 사이로 모가지를 엉큼하게 내민다
　　어지러운 세상에서는 무엇이든 여지없이 베어질 일
　　내 짧은 이력서도 저리 토막 나겠지
　　말발굽 소리로 톱니가 돌아간다

그냥,

그렁그렁 바라보고 있을 때가 아니다

―「파지」 전문

「대장간의 나비는 날고 날아」에서 보여준 심연의 창작 방법론은 「파지」에서 좀 더 가볍고 사물화된 상황을 통해 실현된다. 「파지」는 "저며질 운명" 앞에 놓여 있는 한 인간의 모습을 보여준다. 그런데 그 모습이 낡은 저고리의 옷고름을 풀어냈던 어머니의 삶을 닮았다. 인간의 운명은 그렇게 자기를 인생이라는 소실점 바깥으로 밀어내고, 그 자리에 새로운 생명을 끌어온다. 그럴 때 "꺾쇠에 갇힌 삶의 부호들"은 전면적으로 시인의 자화상이 되고, "칼날 사이"에서 "여지없이 베어"지게 될 자신의 "짧은 이력서" 앞에서 시인은 "그냥,/ 그렁그렁 바라보고 있을" 수만은 없게 된다.

3.

그렇다면 정영희 시인이 '그냥' 넘어가지 않는 건 뭘까? 일단 그는 "깊게 갈아엎어야 열매가 많이 열린다는 아버지의 지게"(「아버지의 지게」)를 생각한다. (땅을) 깊게 갈아엎어야 한다는 아버지의 말에서 정영희 시인은 존재의 (심연을) 깊게 갈아엎는 시적 방법론을 발견한 듯하다. 그래서 그는 괄호에 갇혀 있는 존재의 본질을 찾아 "터널 속으로 기차가 빨려 들어"(「일탈을 꿈꾸며」)가듯 시적 대상의 내면으로 스며들기를 주저하지 않는다. 그 결과 "이십오 년과 며칠 동안/ 침목에 갇혀버린 강물 소리들"(「섬진강역」)에 닿을 수 있었다. 그 소리는 자연스럽게 "꺾쇠에 갇힌 삶의 부호들"과 연결된다. 그럴 때 '꺾쇠'는 일상이 잠시 자기를 망각해 버린 심연의 상태라고 보아도 좋을 것이다. 이 심연에 갇혀 울리는 '삶의 부호들'이 정영희 시인의 시가 되는 것이다.

  이쯤 되면 정영희 시인의 시적 심연이 사실은 일상의 한 풍경이라는 것을 알게 된다. 그는 일상에서 만나는 심연의 순간에 자주 붙들리고, 그 붙들림의 인연을 '그냥' 넘어가지 못한다. 「황학동 풍물상점」 같은 시에서 확인할 수 있듯, 우리의 일상에는 "없는 것 빼놓고 다 있"지만, 정영희 시인은 지금-여기에 '없는 것', 즉 심연에 가라앉아 있는 "빛바랜 기억을 반추"한다. 그러니까 시인의 심연은 그러한 기억을 반추하는 내밀한 시공간으로 기능하는 것이다.

    제동이 풀린 배들의 질주 본능과 물마루를 넘어가는 생선들의 평형감각을 위해 허옇게 꽁무니를 따라가며 호루라기를 불어댔다

    폭풍주의보에 뱃길이라도 끊기는 날 수평선까지 나가 파고를 재어 돌아왔고 게거품을 닦느라 늘 파도에 젖어 살았다

    더딘 세상을 오가는 쾌속선과 가속페달을 밟으며 달려드는 철없는 너울들과 시퍼런 상어 이빨에 물려 피 흘리는 바다를 뱃속에서 삭히느라 평생 핏기 가신 모습이었다

    물결은 가까이 다가가서야 알았다 무인 등대에도 등대지기가 살고 있었다는 것을 그립도록 사무치게 혼자였다는 것을 창백하

리만큼 흰빛이었다는 것을

—「흰빛, 등대」 전문

이 시는 시집 『그래서 바다를 떠났다』에 실린 시 가운데 시인이 자기 내면을 투명하게 드러내는 몇 안 되는 작품이다. 그래서 앞서 읽었던 「자화상」의 다른 버전처럼 읽힌다. 다른 점이 있다면, 좀 더 직관적으로 자기를 들여다보고 있다는 것. "늘 파도에 젖어 살"아가는 등대에서 삶의 비극을 "삭히느라 평생 핏기 가신 모습"이었던 한 사람을 읽어내는 일은 우리 서정시가 견지해 온 시의 문법이다. "무인 등대에도 등대지기가 살고 있었다"처럼 사물화된 시적 대상에 시인의 통찰을 투사하는 방식도 낯설지 않다. 그렇게 본다면 무인 등대를 통해 "그립도록 사무치게 혼자"라는 사실을 "창백하리만큼 흰빛"으로 시각화하는 감각도 더없이 안정적이다.

무난하게 보이는 이 시에 주목한 이유는 따로 있다. 시집의 표제작인 「그래서 바다를 떠났다」를 비롯하여 「성게」, 「고래사냥」 등 바다를 대상으로 삼은 시에서 정영희 시인이 보여주는 삶에 대한 인식의 슬픔 때문이다. "바다의 온기는 빙점 이하"(「그래서 바다를 떠났다」), "온몸에 철조망을 쳐놓았다"(「성게」), "침침한 내 의식의 꼭짓점"(「고래사냥」) 같은 구절은 아무리 헐겁게 그 값을 매겨도 '슬픔의 돌'에 관한 이야기로 읽힌다. 도대체 무엇이 이토록 슬픔을 얼어붙게 하는 것일까. 누가 슬픔을 철조망으로 꽁꽁 묶어두었을까. 슬픔은 왜 침침한 꼭짓점처럼 벅차오르는 것일까. 이런 물음의 괄호 안에 넣을 수 있는 건 딱 하나다. 맨몸으로 태어난 모든 존재의 삶.

    영하의 육교 아래 붕어빵 굽는 부부가 출근했다
    함박눈을 굴린 반죽 덩어리와 체온을 감쌀 봉지들과 면장갑 몇 켤레
    밀가루에 팥고물이 육신의 전부여서 가볍거나 뒤틀림도 없이 키우기 바쁘게 떠쳐나갔다
    한 올 햇살 부끄러운 빙판길을 붕어들이 꼬리치고 다녔다
    민첩한 손놀림에 스스로 돌아눕는 저 영리한 붕어가 가는 곳은 생의 어디까지일까
    부부의 발등에 떨어지던 반죽에 첫눈이 내리고 있었다
―「붕어빵」전문

  영하의 날씨에도 생업에 나선 부부가 있다. 그들은 추운 날씨에 "면장갑 몇 켤레"를 낀 채 "민첩한 손놀림"으로 "붕어빵"을 굽고, 그렇게 구워진 붕어빵은 가볍게 팔려나간다. 그런데 문득 궁금해진다. 도대체 "붕어가 가는 곳은 생의 어디까지일까". 그러나 이 물음은 곧장 부부의 물음으로 전환된다. 도대체 산다는 건 뭘까? 삶은 어디까지 "부끄러운 빙판길을" 미끄러져 가는 걸까? 이런 물음을 던지는 부부는 "밀가루에 팥고물이 육신의 전부"인 존재다. 부부가 만들어 팔고 있는 붕어빵이 사실은 자기 "발등에 떨어진 반죽"처럼 살아가고 있는 부부의 자화상인 것이다. 이렇게 부부는 붕어빵으로 이미지화된 자기 삶을 영하의 추위 속에서 굽고 판다. 이것이 세상의 모든 존재가 슬픔으로 자기 심연을 채우는 이유라고 한다면 너무 비극적일까. 그러나 심연의 슬픔은 "첫눈"처럼 삶이라는 발등을 낭만적으로 두드린다. 그럴 때 인간은 자기 삶의 가장 밑바닥까지 세상에 드러내고, 그 바닥을 "반죽 덩어리" 같은 슬픔이 채운

다. 그게 우리의 삶이다. 그 자체로 커다란 슬픔의 덩어리인 삶.

4.

그렇게 본다면 정영희 시인이 심연에 가라앉은 삶이라는 슬픔의 덩어리를 시로 쓰는 이유는 명백하다. 그는 슬픔의 덩어리를 풀어내며 "평생 외딴집을 짓느라/ 거룩"(「거미의 집」)했던 것. 거미가 제 몸에서 실타래를 뽑아 한 채의 집을 짓듯, 정영희 시인은 심연의 슬픔을 통렬하게 뽑아냄으로써 한 채의 시집을 엮었다. 이 외따르고 거룩한 시집에서 자주 목격되는 건 "제 치부를 보여주지 않던/ 보는 이에게만 잠깐 배꼽을 보여주는/ 전라全裸의 느티나무"(「이상한 느티나무」) 같은 그의 슬픔이다. 그가 보여주는 슬픔의 항목에는 "사랑한 적 있었을까"(「청춘에 대한 소고」)라고 묻는 청춘의 한때가 있고, "생애 단 한 번, 개근상"을 받았던 "사춘기의 행간에 부끄러운 음표들"(「생활통지표」)이 있다. "아내 잔소리야 바가지 긁는 소리"(「목련 생각」)도 있고, "출근 대열에 황망히 뛰어든"(「출근일지」) 아침도 있다. 이런 일상속에서 문득 "친구 부고장이 날아"(「등산화」)오듯 슬픔은 "치유 불능 악성 바이러스"(「그녀가 아프다」)처럼 뜨겁게 심연에 차오른다. 그래서 슬픔은 아프고, 그 슬픔을 써내는 시는 치명적이다.

압정이 튄다
대가리를 처박으며 콩 튀듯 튄다

길길이 날뛴다
   악다구니에 핏대를 세우며

   우울한 날
   내 등을 찔렀던 값비싼 흉기들
                                    ―「소낙비」 전문

 이 시에서 '압정'의 자리에 '슬픔'을 넣어보라. 아니, 제목에서 말하는 소낙비를 압정이 아니라 슬픔으로 돌려서 상상해 보라. 슬픔이 쿵쿵 대가리를 처박으면서 "콩 튀듯" 튀어 오르는 모습이 보이는가? 아니면 "악다구니에 핏대를" 서늘하게 곤두세운 채 날뛰는 모습이 보이는가? 굳이 지금 당장 대답을 듣고자 하는 건 아니다. 이런 물음은 당연하게도 몇 가지 조건을 함께 내걸고 있다. 그중에 하나는 주어진 삶을 치열하게, 정영희 시인의 표현을 빌려오자면, "세상의 외곽에서 외줄타기를"(「러닝셔츠를 입다」) 해보아야 한다는 것. 그게 다소 부담이 된다면 본인들이 "부글부글 끓지 않고선 배겨나지 못하는 사람"(「양은냄비의 사랑 노래」)이라는 걸 증명할 수 있어야 한다는 것.

 거창하게 보이는 질문과 조건은 사실 이런 물음으로 통합할 수 있다. 당신의 삶에도 심연이 있는가? 이 질문에 정영희 시인은 시집 『그래서 바다를 떠났다』를 통해 이렇게 응답하고 있다. 삶이라는 세계 하나쯤 거뜬하게 들어 앉힐 수 있게 자기를 비워내야 한다고. 그리고 "우울한 날/ 내 등을 찔렀던 값비싼 흉기들"을 그 심연의 밑바닥에 가라앉혀 놓았다고. 그 흉기들에서 슬픔이 충분히 우러날 수 있도록 심연은 고요하다고. 그리하여 슬픔은 이미 나와 한 몸이 되었다고.

이쯤 되면 정영희 시인의 시들은 모두 그의 자화상이라고 해도 좋겠다. 따라서 독자들은 이 시집을 읽어가는 동안 자기 심연에 가라앉아 있는 자화상으로서의 슬픔과 마주하게 될 것이다. 그럴 때 시집『그래서 바다를 떠났다』는 시인과 독자 사이에 놓인 심연이 되고, 그 심연에서 우리 시대의 깊고 커다란 슬픔을 목격하게 될 것이다. 그렇다면 도대체 이 분방하고 통제 불가능한 슬픔을 어찌 해야 옳을까? 그에 대한 방법은 앞서 보았던 시「자화상」에서 찾을 수 있을 듯하다. 우리 모두 일상의 삶이 "아프게 또렷해질 때까지" 심연의 슬픔을 내내 견뎌보자고. 적어도 이 시집을 읽는 동안만이라도 꿋꿋하게 견디어 보자고.

열린시학 시인선 154

그래서 바다를 떠났다

초판 1쇄 발행일 · 2023년 12월 05일

지은이 | 정영희
펴낸이 | 노정자
펴낸곳 | 도서출판 고요아침
편　집 | 정숙희 김남규

출판 등록 2002년 8월 1일 제 1-3094호
03678 서울시 서대문구 증가로 29길 12-27, 102호
전화 | 302-3194~5
팩스 | 302-3198
E-mail | goyoachim@hanmail.net
홈페이지 | www.goyoachim.com

ISBN 979-11-6724-160-3(04810)
ISBN 978-89-6039-754-5(세트)

*책 가격은 뒤표지에 표시되어 있습니다.
*지은이와 협의에 의해 인지는 생략합니다.
*잘못된 책은 교환해 드립니다.

* 이 책은 전라남도, (재)전라남도문화재단의 후원을 받아 발간되었습니다.

ⓒ 정영희, 2023